① 手順の明確化

明日は,近所に住む母方の祖母が,70歳のお誕生日を迎えます。なにか,料理の宅配を頼んで,パーティーをしようと考えています。

父親にも…

サプライズだと迷惑になるし,食べたいものや苦手なものがあるか,聞いておきたいし。

どこのお店に頼もうか?

母親にも許可をとっておかないと。

決めなくちゃいけないことが,たくさんある!

　問題を解決するためには,まず,問題がなにであるかを理解しなければならない。そして,解決のための手順を明らかにすることが必要である。

　たとえば,宅配の料理を注文するには,つぎのような手順が必要になる。

・家の人に許可を取る。
・お店のチラシを用意する。
・食べたいものを決める。
・お店を選ぶ。
・注文をする。

　これらの手順を整理すると,つぎのようになる。

①家の人に許可を取る。→お店のチラシを用意する。
②食べたいものを決める。
　もし〇〇が食べたいならこちら,
　そうでないならばあちら
　などとチラシを選ぶ。
③選んだ店がなくなるまで注文を繰り返す。

　手順にはこのように,
①順番に処理をする(**順次**)
②条件により選ぶものを変える(**選択**)
③同じ作業を繰り返す(**反復**)
　コンピュータに手順を与えるプログラミングも,同じように考えることができる。手順をあらわす方法の1つに,流れ図がある。
　宅配の料理を注文する手順を流れ図であらわすと,たとえば右のようになる。

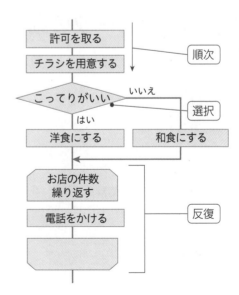

許可を取る
チラシを用意する
　　　　　　　　　順次

こってりがいい　　いいえ
はい　　　　　　　選択
洋食にする　　和食にする

お店の件数
繰り返す
電話をかける　　　反復

② プログラムに必要な要素

「100歳のお誕生日も、みんなで集まって食事しよう」という話がでました。

その日が、日曜日だったらいいね。

何曜日なのか、調べたいなあ。

問題の答えを求めるときには、必要な条件がいくつもある。解決のためには、それらも明確にしておく必要がある。

たとえば、30年後の今日は何曜日かを考えるには、つぎのような情報があることを確認する必要がある。

- 今日の曜日。
- 30年後の今日までの経過日数。
  →うるう年の情報も必要。
- 曜日が繰り返される周期は7日。

これらの情報で、具体的な値をデータという。

曜日のように、文字で表現されるものを**文字データ**、経過日数のように、数値で表現されるものを**数値データ**という。

これらのデータをそろえたら、どのように問題を解くかを考える。この、問題の解き方をアルゴリズムという。

うるう年は必ず4年に1回とはかぎらない[1]んだね。

- 西暦が4で割り切れる年は、うるう年（1年は366日）。
- ただし、100で割り切れて400で割り切れない年は、うるう年ではない。

こんど、うるう年にならないのは、2100年のことだから今回は関係ないわね。

③ コンピュータの動作

コンピュータが問題を解く手順も、同じように考えることができる。

その流れは、つぎのようになる。

データを入れる（入力）
↓
データを用いて
アルゴリズムに沿って計算をおこない
結果を求める（処理）
↓
計算結果を表示する（出力）

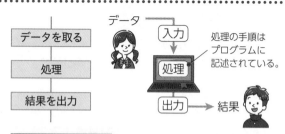

データを取る

処理

結果を出力

データ → 入力 → 処理 → 出力 → 結果

処理の手順はプログラムに記述されている。

考えてみよう ▶

①今日の70日後は、何曜日だろうか？

②今日の100日後は、何曜日だろうか？

[1]国立天文台「質問3-6　どの年がうるう年になるの？」
https://www.nao.ac.jp/faq/a0306.html

④ 変数と配列

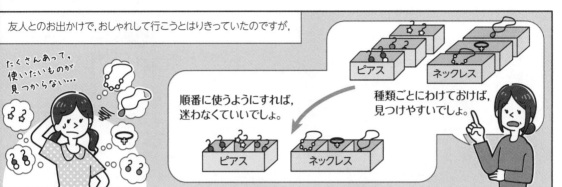

　必要なデータをすぐに取り出すために，種類ごとに目印のついた箱をつくってしまっておくようにする。これを**変数**という。

　あらかじめどんなデータが入っているのか，種類を明らかにしておくと，プログラムをつくるときのミスを減らすことができる。

変数には，データを入れることができる。入れるデータの種類にあわせ，あらかじめ型を宣言しておくことができる。

　また，関連しているデータは，それぞれ単独の箱にしまうのではなく，連続した箱にしまっておくとどのデータかを指定しやすくなる。この連続した箱を**配列**といい，配列中の仕切られた各区画を**配列要素**，それぞれに振る番号を**添え字**という。一般的なプログラミング言語では，添え字は0番からはじまる。

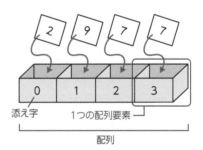

⑤ 変数への代入と比較

　= は，プログラミング言語により，つぎの2つの意味で使われることがある。

①**代入**：右側の値を，左側の変数へ入れる。
②**比較**：条件を示すときに，左側と右側が等しいことを示す。

　プログラムのなかでは，どちらの意味で用いられているのか注意する必要がある。

　VBA は代入，比較とも = を用いる。
　Python では代入は =，比較は == を使うように，厳密に区別されている。

代入の例
　変数 A に，値7を代入する。

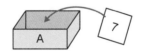

VBA **Python**
A = 7

比較の例
　もし，変数 B の内容が「日曜日」ならば，…

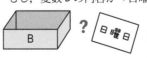

VBA
IF B = "日曜日"
Python
IF B == "日曜日":

プログラムをつくってみよう

ケース ① じゃんけん　もし〜ならば〜をする（選択）

やりたいこと

①自分の手を入力する。

②コンピュータの手を自動で出す。

③勝敗を判定する。

プログラムのポイント

①手の関係性を見つける。

自分の手と，コンピュータの手の組み合わせは

　　3 × 3 ＝ 9 通り

ある。そのすべてに対応するのではなく，手を数字で表現し，差を取ることで関係性を見つける。

　0：グー，1：チョキ，2：パー

②手をわかりやすく表現する。

数字のままで表示しても手がわかりにくいので，配列を用いて数字に対応する手を表示する。

勝敗の考え方

手の値と勝敗の関係性を表から考える。

PCの手 ＼ 自分の手		グー 0	チョキ 1	パー 2
グー	0	あいこ	PC	自分
チョキ	1	自分	あいこ	PC
パー	2	PC	自分	あいこ

［自分の手］−［コンピュータの手］を求めると，つぎのようになる。

PCの手 ＼ 自分の手		グー 0	チョキ 1	パー 2
グー	0	0	1	2
チョキ	1	-1	0	1
パー	2	-2	-1	0

このことから，自分が勝つのは，

　［自分の手］−［コンピュータの手］

が，−1 か 2 の場合であるとわかる。

流れ図であらわす

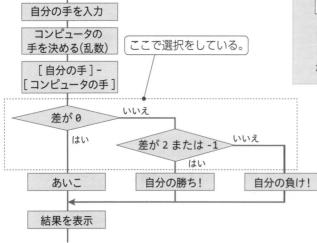

💬 プログラムの流れを考える

(01) 変数の定義(jibun, pc, sa: 整数型)

(02) 配列の宣言(Te[]) ── 配列については p.16 参照

(03) Te[0] = " グー "

(04) Te[1] = " チョキ "

(05) Te[2] = " パー "

> ここの＝は，左辺の変数に右辺の値を**代入**することをあらわす。

(06) jibun = 入力する(0〜2)

(07) pc = 0〜2 の乱数

> ここの＝は比較演算子というもので，左辺と右辺の値を比較して判定する。

(08) sa = jibun - pc

(09) もし sa = 0 ならば:

(10) │ 表示する(" あいこ ")

(11) そうでなくもし sa = -1 or 2 ならば:

(12) │ 表示する(" 私の勝ち！ ")

(13) そうでなければ:

(14) └ 表示する(" 私の負け！ ")

変数の整理

jibun	自分の手(0〜2の値)。
pc	パソコンの手(0〜2の値)。
sa	勝敗を求めるための値 (jibun - pc で求める)。

演算子	例	意味
=	A=B	A は B と等しい
>=	A>=B	A は B 以上
<=	A<=B	A は B 以下
>	A>B	A は B より大きい
<	A<B	A は B より小さい
<>	A<>B	A は B と異なる

> 条件が複数ある場合，AND や OR などの論理関数で条件をまとめて記述することがある。
> AND 関数：すべての条件が真の場合，真を返す。
> OR 関数 ：条件のうち１つでも真の場合，真を返す。
> 真：TRUE　偽：FALSE

プログラムの実行

プログラムが動いたら，コンピュータとじゃんけんをして，勝敗を記録しよう。
勝ちは○，負けは×，あいこは△とする。

	自分	コンピュータ
1回目		
2回目		
3回目		
4回目		
5回目		

 巻末資料(p.36〜37)を見て，次のページのプログラムを入力してみよう。

 VBA と Pyhon の2通りで書いてあるよ。好きなほうを選んで，やってみよう。

プログラムの補足説明 VBA

❶実行ボタンをつける

実行ボタンをつけておくと，ボタンを押すだけで作成したプログラムを実行できるようになる。ボタンをドラックした後，マクロの登録ウィンドウで，作成したプログラムを選択して [OK] を押す。

選択してドラッグすると，ボタンができる。

「マクロの登録」ウィンドウで，そのボタンで実行させるプログラムを指定する。

```
       Sub janken()

(01)   Dim jibun As Integer
(01)   Dim pc As Integer
(01)   Dim sa As Integer


(02)   Dim te(2) As String
(03)   te(0) = " グー "
(04)   te(1) = " チョキ "
(05)   te(2) = " パー "


       Range(Cells(2, 1), Cells(2, 2)).ClearContents

(06)   jibun = InputBox(" グー：0 チョキ：1 パー：2 　を入れてください ")


(07)   pc = Int(Rnd() * 3)


       Cells(2, 1) = te(jibun)
       Cells(2, 2) = te(pc)


(08)   sa = jibun - pc

(09)   If sa = 0 Then
(10)       MsgBox " あいこ "
(11)   ElseIf sa = -1 Or sa = 2 Then
(12)       MsgBox " 私の勝ち！ "
(13)   Else
(14)       MsgBox " 私の負け！ "
       End If


       End Sub
```

- ここでは，使う変数が，すべて整数の値だけを扱うもの（整数型）であると決める。
- 配列 te を定義し，手の名称を文字列として入力しておく。
- ※あらかじめ，セル A1 に「わたし」，セル B1 に「パソコン」と入力しておく。

	A	B	C	D
1	わたし	パソコン		
2				

- 手を表示する部分を消しておく。
- 自分の手をキーボードから入力する。
- コンピュータの手は，乱数でつくる。
- 自分の手をセル A2 に，コンピュータの手をセル B2 にそれぞれ表示する。
- 差を求めて，勝敗を判定する。
- 自分の手とコンピュータの手が同じなら，メッセージボックスで「あいこ」を表示する。
- 自分が勝つ条件であれば「私の勝ち」を表示，そうでないなら「私の負け」を表示する。

プログラムの補足説明 — VBA

❷ インプットボックス

`値を入れる変数 = InputBox(" 文字列 ")`

文字列とともに，データを入れる空欄があるウィンドウが表示される。そこに値を打ち込んで [OK] を押すと，値が変数に入力される。

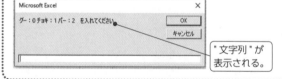

" 文字列 " が表示される。

❸ メッセージボックス

`MsgBox " 文字列 "`

文字列がウィンドウの中に表示され，[OK] を押すまでプログラムが一時停止する。
& で変数をつなげると，変数の値の表示もできる。

❹ Int（整数化）

`Int（値）`

数値の小数点以下の部分を切り捨てる。
例：a = Int(1.235) で，a には 1 がはいる。

プログラム作成例 — Python

```
        import random
```

ここでは，使う変数が，すべて整数の値だけを扱うもの(整数型)であると決める。

```
(01) jibun:int
(01) pc:int
(01) sa:int
```

配列 te を定義し，手の名称を文字列として入力しておく。

```
(02) te = ["","",""]
(03) te[0] = " グー "
(04) te[1] = " チョキ "
(05) te[2] = " パー "
```

ここで int をしている理由は，右下の⑦を参照。

自分の手をキーボードから入力する。

```
(06) jibun = int(input(" グー：0 チョキ：1 パー：2  を入れてください "))
```

```
(07) pc = int(random.random()*3)
```

コンピュータの手は，乱数でつくる。

```
        print(" 私の手：" + te[jibun] + "  パソコンの手：" + te[pc])
```

すべて文字列なので，表示する内容を「+」でつなぐ。

自分の手とコンピュータの手を表示する。

```
(08) sa = jibun-pc
```

```
(09) if sa == 0:
(10)   print(" あいこ ")
```

差を求めて，勝敗を判定する。

```
(11) elif sa == -1 or sa == 2:
(12)   print(" 私の勝ち！ ")
(13) else:
(14)   print(" 私の負け！ ")
```

自分の手とコンピュータの手が同じなら，「あいこ」を表示する。

自分が勝つ条件であれば「私の勝ち」を表示，そうでないなら「私の負け」を表示する。

プログラムの補足説明 — Python

❺コロンとインデント
選択や反復，関数の記述では，以下の点に注意する。
①：(コロン)の必要な箇所
　選択：if, elif, else 文の最後
　反復：for, while 文の最後
　関数：def 文の最後
②インデントの必要な箇所
　①にしたがっている処理の文は，半角スペース2つの字下げ(インデント)をして，制御がおよぶブロックを明らかにする。
③構造の終わりを示す記号はつかない(end など)

```
for waru in range (1, taisho + 1 ):
  if taisho % waru == 0:
    print (waru)
    kei = kei + waru
```

コロンが必要。

for や if が関係する範囲に半角スペースを2つずついれる。(4つずつでもよいが，2つと4つが混在してはいけない。)

❻モジュールのインポート
Import モジュール名

Python には多くの関数群(モジュール)が用意されていて，インポートすることでさまざまな処理ができるようになっている。ここでは，乱数を発生させる random という名前のモジュールをインポートしている。

❼ input の前の int
input は文字列を変数に入力する。キーボードから入力した値は文字列として扱われるので，あとで計算するためにここで数値に変換している。

❽ int (整数化)
int (値)

数値の小数点以下の部分を切り捨てる。
例：a = int(1.235) で，a には 1 がはいる。

問題の解説

❶**完全数**　その数自身を除く約数の和が、その数字自身に等しい自然数のこと。

❷**約数**　ある整数に対して、それを割り切ることのできる整数のこと。これを求めるには、順に割ってたしかめるしかない。

❸**完全数をさがして**　1つずつ手作業で求めるのはたいへんだから、プログラムをつくってさがしてみよう。

やりたいこと

①ある数の約数を見つける。

②見つけた約数を合計する。

③ある数が完全数かどうか判定する。

④ 1～9999 までの数について判定する。

ここではまず、①～③を実現してみよう。

プログラムのポイント

①決まった回数の繰り返しには For 文

　ここでは、1から［ある数］まで割り算をするので、繰り返す回数は決まっている。

②合計を求めるにはカウンタの考え方

変数 A ＝変数 A ＋値

「＝」は、右側の値を、左側の変数に代入する意味をもつ。

③完全数の判定

求めた約数の合計には、ある数自身も含まれているので、ある数の2倍だったら完全数と判定する。

6の約数　　1, 2, 3, 6	「6」自身も含まれる。
約数の合計　1＋2＋3＋6＝12	

現在のAに、値を加えた結果をふたたびAに代入しているのですね。

計算した結果を、Aに上書きしていると考えるといいよ。

流れ図であらわす

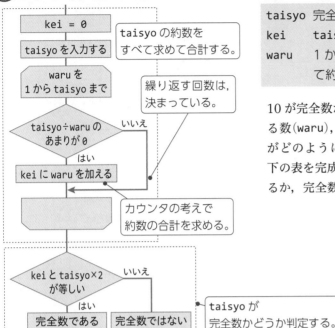

kei = 0

taisyo を入力する

**taisyo の約数を
すべて求めて合計する。**

waru を
1 から taisyo まで

**繰り返す回数は,
決まっている。**

taisyo÷waru の
あまりが0 — いいえ

はい

kei に waru を加える

**カウンタの考えで
約数の合計を求める。**

kei と taisyo×2
が等しい — いいえ

はい

完全数である
と表示 ／ 完全数ではない
と表示

**taisyo が
完全数かどうか判定する。**

プログラムの流れを考える

(01) 変数の定義(taisyo, waru, kei：整数型)

(02) Kei = 0

(03) taisyo の値を入力

(04) waru を1からtaisyoまで1ずつ増やしながら繰り返す：

(05) 　　　もし taisyo % waru=0 ならば：

(06) 　　　　　kei = kei + waru

(07) もし kei = taisyo *2 ならば：

(08) 　　表示する(" 完全数である ")

(09) そうでなければ：

(10) 　　表示する(" 完全数ではない ")

**割り算のあまりは,
　VBA では Mod 関数
　　Python では演算子 %
　を用いて計算する。**

変数の整理

taisyo 　完全数かどうか調べる対象の数が入る。

kei 　　 taisyo の約数をここに足していく。

waru 　 1 から順に数を入れていき，taisyo を割っ
　　　　て約数かどうか調べる。

10 が完全数かどうか判定するとき（taisyo=10），割
る数（waru），そのときのあまり，約数の合計（kei）
がどのようになっているだろうか。空欄をうめて，
下の表を完成させなさい。そして，10 が完全数であ
るか，完全数ではないか，判定しなさい。

waru	あまり	kei
		0
1	0	1
2	0	
		3
4	2	
5	0	
	4	8
8	2	8
9	1	8

判定結果は，どちらか。あてはま
るほうの（　）に，○をつけなさい。

（　　） 10 は完全数である。

（　　） 10 は完全数ではない。

```
      Sub 完全数判定 ()

(01)  Dim taisyo As Integer
(01)  Dim waru As Integer
(01)  Dim kei As Integer

(02)  kei = 0

(03)  taisyo = InputBox(" 判定する数を入力してください ")

(04)  For waru = 1 To taisyo Step 1
(05)      If taisyo Mod waru = 0 Then

(06)          kei = kei + waru
          End If
      Next

(07)  If kei = taisyo * 2 Then
(08)      MsgBox taisyo & " は完全数である "
(09)  Else
(10)      MsgBox taisyo & " は完全数ではない "
      End If

      End Sub
```

変数の定義
すべて整数の値だけを扱うもの(整数型)であると決める。

合計を求める変数を初期化しておく(0にしておく)。

調べる数をキーボードから入力する。

1から順に割って,約数かどうか調べる。

割り切れたら約数なので,kei に足していく。

ここに,
　MsgBox waru
を書いておくと,約数が見つかるごとに,確認できる。

約数の合計が,調べる数の2倍なら「完全数である」と表示する。

数値と文字列なので,表示する内容をつなぐときは「&」を使う。

プログラムの補足説明 — VBA

❶ For 文の基本形(VBA の場合)

```
For 変数名 = 初期値 to 終了値 step 1回の変化量
    (処理が入る)
next 変数名
```

省略してよい(省略した場合は,初期値から1ずつ増えていく)。

プログラムの補足説明 — Python

❷ For 文の基本形(Python の場合)

```
For 変数名 in range ( 初期値 , 終了値 +1 , 1回の変化量 )
```

省略してよい(省略した場合は,初期値から1ずつ増えていく)。

range は, うしろの引数の1つ手前までの値を渡すので,+1 が必要。

プログラム作成例 — Python

```
(01) taisyo:int
(01) waru:int
(02) kei:int = 0

(03) taisyo = int(input(" 対象の数をいれてください "))

(04) for waru in range(1, taisyo + 1):
(05)     if taisyo % waru == 0:

(06)         kei = kei + waru

(07) if kei == taisyo * 2:
(08)     print(taisyo," は完全数である ")
(09) else:
(10)     print(taisyo," は完全数ではない ")
```

変数の定義と初期化
すべて整数の値だけを扱うもの(整数型)であると決める。
また，合計を求める変数を初期化しておく(0にしておく)。

調べる数を
キーボードから入力する。

1から順に割って，
約数かどうか調べる。

割り切れたら約数なので，keiに足していく。

ここに，
print(waru)
を書いておくと，見つかったすべての約数を確認できる。

数値と文字列なので，表示する内容をつなぐときは「,」を使う。
※すべて文字列のときは「+」を使う。(⇨ p.7)

約数の合計が，
調べる数の2倍なら
「完全数です」と表示する。

プログラムの実行

入力したプログラムを使って，つぎの問いに答えなさい。

1 次の各数が，「完全数である」か「完全数ではない」か，どちらかに〇を書きなさい。

(1) 123

完全数である		完全数ではない	

(2) 496

完全数である		完全数ではない	

(3) 2048

完全数である		完全数ではない	

2 1から20の間に，6のほかに完全数があるかどうか調べて，結果を書きなさい。

ある数が，
完全数かどうかを調べるのは
楽になったけど…

1から20まででもたいへんなのに
9999まで1つずつ調べるのは
おおごとね…

このプログラム全体を
1から9999用に1つずつ
つくればいいのかな?

それだと，
プログラムが長くなって，
いろいろと間違えそう…

😊 問題の解説

❶そのつどつくる　同じ処理をなんども繰り返させることができるのは，コンピュータを使うメリットの１つである。しかし，同じ処理をなんども書くことになるとプログラムが長くなってしまい，間違いがあったときの修正などがたいへんになる。

❷材料を入れると出てくる　プログラムでも，同じ処理を繰り返す場合には，関数という形にまとめる方法が使われる。関数にいれる「材料」や処理方法にあたるデータを引数という。

💡 プログラムのポイント

①約数を見つけ，合計し，完全数かどうか判定する部分を，関数にまとめる。

②関数内の変数の値は，関数内だけで変化する。そのため，関数を用いる全体のプログラム（メインプログラム）で用いられる変数名と異なる変数名をつけ，混乱をまねかないようにする。

完全数を判定する部分を関数にすれば，いいのね。

それを使って，For文で，1から9999まで1つずつ判定していけばいいね。

📝 やりたいこと

①ある数の約数を見つける。

②見つけた約数を合計する。

③ある数が完全数かどうか判定する。

④ 1〜9999 までの数について判定する。

前ページまでのプログラムにつづいて，④を実現してみよう。

関数について

　関数に与えるデータは引数とよばれる。関数名のうしろの（）内に書かれた変数で渡す。

　関数が出した結果は戻り値とよばれる。一般的には，関数名(引数)という形式で受け取る。

　引数や戻り値がない関数もある。

　関数を定義するときに使う引数は仮引数，関数を実際に動かすときに使う引数を実引数という。

　次ページからの例での完全数かどうかを判定する関数 perfect の場合は，taisyo が仮引数，taisyo に引き渡される kazu が実引数となる。

流れ図であらわす

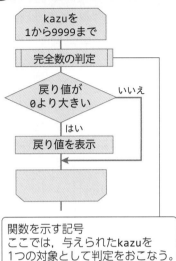

関数を示す記号
ここでは，与えられたkazuを
1つの対象として判定をおこなう。

変数の整理

taisyo　完全数かどうか調べる対象の数が入る。
kei　　taisyo の約数をここに足していく。
waru　　この値で taisyo を割って約数かどうか調べる。
kazu　　taisyo に引き渡される数。

下のプログラムは，四角形の面積を求める関数 Skk である。これを使って，長辺が4で短辺が1〜3までの値をとる四角形の面積を求めるとき，短辺の値と関数の戻り値はどうなるか。空欄をうめて，下の表を完成させなさい。

```
関数 S k k (tan)
  tyo = 4
  mnsk = tyo * tan
  mnsk を戻り値として返す
```

tan	1	2	3
戻り値			

プログラムの流れを考える

(01) 関数の定義

kei に合計を求めていくので，
はじめは値を0にしておく。

(02)　　　変数の定義
(03)　　　kei = 0
(04)　　　waru を1から taisyo まで1ずつ増やしながら繰り返す：
(05)　　　　　もし taisyo % waru = 0 ならば：
(06)　　　　　　　kei = kei + waru
(07)　　　もし kei = taisyo * 2 ならば：
(08)　　　　　taisyo を戻り値として返す
(09)　　　そうでなければ：
(10)　　　　　0 を戻り値として返す

判定をおこなう関数 perfect
渡された値 kazu が完全数ならその値を，
そうでなければ0を返す。

(11) 変数の定義
(12) kazu を1から9999まで1つずつ増やしながら繰り返す：
(13)　　　関数 perfect に引数 kazu を渡す
(14)　　　もし関数 perfect の戻り値 >0 ならば：
(15)　　　　　表示する (戻り値)

メインプログラム
1 から 9999 の値を順番に，
関数 perfect に渡して，結果を受け取る。
プログラムはこちらから実行される。

プログラム作成例 — VBA

```vba
(01) Function perfect(taisyo)

(02) Dim waru As Long
(02) Dim kei As Long

(03) kei = 0

(04) For waru = 1 To taisyo Step 1
(05)     If taisyo Mod waru = 0 Then
(06)         kei = kei + waru
         End If
     Next waru

(07) If kei = taisyo * 2 Then
(08)     perfect = taisyo
(09) Else
(10)     perfect = 0
     End If

     End Function


     Sub 完全数連続判定 ()

(11) Dim kazu As Integer

(12) For kazu = 1 To 9999 Step 1
             (13)
(13) 
(14)     If perfect(kazu) > 0 Then
(15)         MsgBox perfect(kazu)
         End If

     Next kazu

     End Sub
```

引数として受け取った値 (kazu) は,
変数 taisyo に入れる (⇨ p.12)。

変数の定義
計算結果が大きなものになる可能性
があるので, このプログラムでは
Long 型にしておく。

関数 perfect
渡された値が完全数ならその値を
戻り値に返し, そうでなければ 0
を戻り値に返す関数。

ここでは, 約数を求めて, その合計
を計算している (⇨ p.10)。

ここでは, 完全数かどうかの判断を
している (⇨ p.10)。

完全数ではない場合,
0 を返すようにする。

完全数の場合, taisyo
の値を返すようにする。

ここから実行される。

1 から 9999 まで, すべて順番に調べる。

関数 perfect に値を渡し, その結果 (戻
り値) を判定する。

perfect(kazu) は,
関数 perfect からの
戻り値。

戻り値が
0 より大きければ,
それが完全数
ということになるね。

完全数が見つかったら, メッセージボックスで
その値 (関数 perfect からの戻り値) を表示する。

プログラムの補足説明 — VBA · Python

❶関数の形式 (VBA の場合)

```vba
Function 関数名 (引数)
    (処理が入る)
    関数名 = 戻り値
End Function
```

変数名は, メインプログラム
のものとは異なるものを使う
ようにする (⇨ p.12)。

❷関数の形式 (Python の場合)

```python
def 関数名 (引数)
    (処理が入る)
    return 戻り値
```

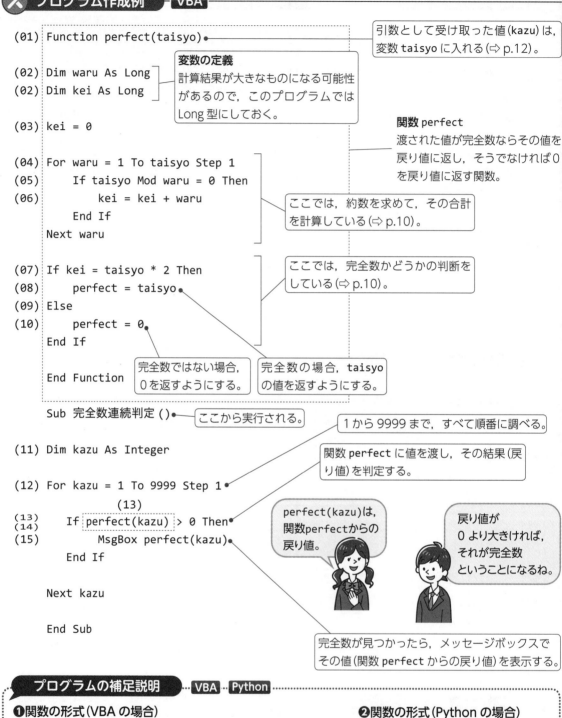

🔧 プログラム作成例 — Python

```
(01) def perfect(taisyo):
(02)   taisyo:int
(02)   waru:int
(03)   kei:int=0

(04)   for waru in range(1,taisyo + 1):
(05)     if taisyo % waru == 0:
(06)       kei = kei + waru

(07)   if kei == taisyo * 2:
(08)     return taisyo
(09)   else:
(10)     return 0
```

関数 perfect
渡された値が完全数ならその値を
戻り値に返し，そうでなければ0
を戻り値に返す関数。

ここでは，約数を求めて，その合計を計算している（⇨ p.11）。

== は，等しいことをあらわします。（⇨ p.3）

ここでは，完全数かどうかの判断をしている（⇨ p.11）。

完全数ではない場合，0を返すようにする。

完全数の場合，taisyo の値を返すようにする。

```
(11) kazu:int
```
ここから実行される。

1から9999まで，すべて順番に調べる。

```
(12) for kazu in range(1, 10000):
              (13)
(13)
(14)   if perfect(kazu) > 0:
(15)     print(perfect(kazu))
```

range は，1つ手前までの値を渡すので，9999までを調べるには10000にします。（⇨ p.10）

完全数が見つかったら，その値を表示する。

関数 perfect に値を渡し，その結果を判定する。

プログラムの実行

入力したプログラムを使って，つぎの問いに答えなさい。

1 1から9999のあいだに，完全数はいくつあったか。見つかった完全数を，すべて書きなさい。

見つかった完全数 ⬚

2 10000から25000までのあいだにも，完全数はあるだろうか。予想してみよう。そして，プログラムを改造して，調べてみよう。

結果：完全数は ⬚ 個あった。

プログラムが止まらなくなったら… — VBA Python

繰り返しの終了条件を間違えた場合など，実行したプログラムが止まらなくなることがある。そのようなときは，つぎの操作でプログラムの実行を中断できる。
　VBA の場合　　　ESC キーを押す。
　Python の場合　　「ランタイム」メニューで「実行を中断」を選択する。

問題の解説

❶**不足数**　その数自身を除く約数の和が，その数字自身よりも小さい自然数のこと。

❷**たくさんありそう**　プログラムをつくって求めると，結果がたくさん表示されることになるので，ここでは配列という方法を使って出力を整理する。

やりたいこと

①ある数の約数を見つける。

②見つけた約数を合計する。

③ある数が不足数かどうか判定する。

④ 1〜100 までの数について判定する。

⑤結果を表示する。

このうち①〜④は，完全数を求めるプログラム（⇨ p.14〜p.15）を少し変更することで実現できる。

プログラムのポイント

不足数はたくさんあるので，結果を１つずつ表示するのは，めんどうなことになる。このようなときは，配列（⇨ p.3）の考え方が利用できる。

① VBA ではセルに並べるようにする

VBA では配列を定義して使うこともできるが，ここではシートに並んだセルを配列のように利用する方法を使う。

② Python では空（から）の配列をつくってデータを追加する

①空の配列に後からデータを追加する方法

②最初にいくつかの要素をつくり，そこにデータを入れる方法

があるが，出力される要素の個数が事前にわからない場合は，よく①の方法が用いられる。また，配列は print 関数で内容を出力できる。

プログラムの補足説明　[VBA]

❶セルの場所を示す

```
Cells（行 , 列）= 値
```

指定のセルに値を代入する。

セルの場所を示す。
Cells(1, 3) で，セル C1 をあらわす。

			列 →	2	3	4	…
N23		▼	：	✕	✓	fx	
行 ↓	◢	A	B	C	D	
1						
2						
3						
4					(1, 3)	
5						

✖ プログラム作成例 — VBA — Python —

赤線で囲んだ範囲が，関数 deficient になる。
（渡された値が不足数ならその値を戻り値に返し，そうでなければ0を戻り値に返す関数。）

```
Function deficient(taisyo As Integer)
                    関数名は変更しておく。
Dim waru As Long
Dim kei As Long

kei = 0

For waru = 1 To taisyo Step 1
    If taisyo Mod waru = 0 Then
        kei = kei + waru
    End If
Next           不足数であること
               を判定。
If kei < taisyo * 2 Then
    deficient = taisyo
Else
    deficient = 0
End If

End Function
```

```
def deficient(taisyo):
    taisyo:int    関数名は変更しておく。
    waru:int
    kei:int=0

    for waru in range(1,taisyo + 1):
        if taisyo % waru == 0:
            kei = kei + waru

    if kei < taisyo * 2:
        return taisyo
    else:
        return 0
```

```
Sub 不足数連続判定 ()

Dim kazu As Integer          さいしょの列番号
Dim retsu As Integer         を1にする。

retsu = 1                    調べる範囲は100まで
For kazu = 1 To 100 Step 1   呼び出す関数
                             名を変更。
    If deficient(kazu) > 0 Then
        Cells(1, retsu) = deficient(kazu)
        retsu = retsu + 1
    End If                   セルに戻り値を
                            入れていく。
Next kazu
               不足数を記録したあと，
               列を進めて次を待つ。
End Sub
```

※ p.14 のプログラムからの変更箇所を，赤下線で示している。

```
kazu:int
               空の配列を作成する。
hai = []
                       調べる範囲は100まで
for kazu in range(1, 101):
    if deficient(kazu) > 0:    呼び出す関数
                              名を変更。
        hai.append(deficient(kazu))
                          戻り値を配列
                          に追加する。
print(hai)
```

※ p.15 のプログラムからの変更箇所を，赤下線で示している。

▶ プログラムの実行

入力したプログラムを使って，つぎの問いに答えなさい。

1 80 から 100 までのあいだの不足数をみつけ，すべて書きなさい。

2 プログラムを変更し，101 から 120 までのあいだの不足数をみつけ，すべて書きなさい。

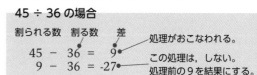

夏休みに，小学生のいとこが遊びにきています。
朝のうちは，お勉強をしていたようです。

おねえちゃん，
さんすうドリルの
答え合わせ
してください。
このドリル，
こたえがついてー
ないの。

2年生なのに
割り算やって
いるの？
えらいねー

1　わりざんして，
　あまりもかきましょう。
（1）　365÷7=
（2）　200÷11=

ちょっと
待ってね

面倒だから，
電卓でやっちゃおう…
あ，❶電卓ではあまり
がでないんだ…

問題の解説

❶**電卓ではあまりがでない**　電卓で割りきれな
い割り算を実行すると，表示できる範囲まで
小数で結果が出て，あまりは求められない。
あまりを求めるには，割られる数から，割る
数を引くことを繰り返すとよい。

ミカンが
8個

8個のミカンをご近所
に3個ずつ配るなら…

おとなりに3個　　おむかいに3個　　2個あまった
　　　　　　　　　　　　　　　　　　もう配れない

やりたいこと

①割られる数から割る数を引く。
②引けなくなるまで引いたら，あまりが求めら
　れる。

流れ図であらわす

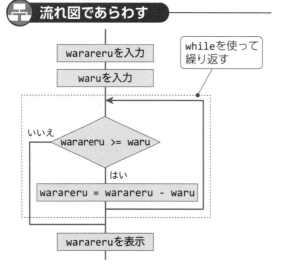

warareruを入力

waruを入力

whileを使って
繰り返す

いいえ

warareru >= waru

はい

warareru = warareru - waru

warareruを表示

プログラムのポイント

①**回数の決まっていない繰り返しには While 文**
ここでは，引けなくなるまで引き算を繰り返すの
で，繰り返す回数が決まっていない。そこで，割
られる数が割る数より小さい場合には，繰り返し
のなかの処理をしないように考える。

45 ÷ 36 の場合

割られる数　割る数　　差

$$45 - 36 = 9$$ ← 処理がおこなわれる。

$$9 - 36 = -27$$ ← この処理は，しない。
処理前の9を結果にする。

45 ÷ 53 の場合

割られる数　割る数　　差

$$45 - 53 = -8$$ ← 1度も処理をしない。
処理前の 45 を結果にする。

このように，反復の条件が処理の前にくる場合を
前判定という。条件により，処理が1度もおこな
われない場合もある。

プログラムの流れを考える

```
(01)  変数の定義
(02)  warareru = 入力する ()
(03)  waru = 入力する ()
(04)  warareru >= waruのあいだ繰り返す：
(05)      warareru = warareru - waru
(06)  表示する (warareru)
```

プログラム作成例 — VBA — Python

```
    Sub あまり ()

(01) Dim warareru As Integer
(01) Dim waru As Integer

(02) warareru = InputBox("割られる数を入力")
(03) waru = InputBox(" 割る数を入力 ")
(04) Do While warareru >= waru
(05)     warareru = warareru - waru
    Loop

(06) MsgBox " あまりは : " & warareru

    End Sub
```

＝のとき, あまりは0になる。

カウンタ (⇨ p.8) と同じ考え方。

```
(01) warareru:int
(01) waru:int

(02) warareru = (int (input ("割られる数を入力")))
(03) waru = (int (input (" 割る数を入力 ")))

(04) while warareru >= waru:
(05)     warareru = warareru - waru

(06) print (" あまりは ", warareru)
```

input で入力した小数点を含まない数の文字列を, 整数の数値にするために使っている。

＝のとき, あまりは0になる。

カウンタ (⇨ p.8) と同じ考え方。

プログラムの実行

入力したプログラムを使って, つぎの問いに答えなさい。

1 99 を 7 で割ったときのあまりを書きなさい。

2 7777 を 777 で割ったときのあまりを書きなさい。

3 12345 を 123 で割ったときのあまりを書きなさい。

考えてみよう

あまりのほかに商も表示するには, プログラムをどのように変更するとよいだろうか。

プログラムの補足説明 — VBA — Python

❶回数の決まっていない繰り返し(前判定)

```
Do While (条件)    VBA
    処理
Loop
```
Do While と Loop の間に処理を書く。

```
while (条件) :    Python
    処理
```
while の間におこなう処理は, インデント(⇨ p.7)をする。

🙂 問題の解説

❶**最大公約数**　ある数を割り切ることのできる数を約数といい，いくつかの数に共通する約数のうち，もっとも大きいものをいう。2つの数の最大公約数を求める方法に，**ユークリッドの互除法**というものがある。

123 と 36 の最大公約数を求める場合

	数A	数B
	123	36
123 ÷ 36 = 3 あまり 15	36	15
36 ÷ 15 = 2 あまり 6	15	6
15 ÷ 6 = 2 あまり 3	6	3
6 ÷ 3 = 2 あまり 0	3	0

最大公約数

①数 A，数 B にそれぞれ自然数を入れる。
②A ÷ B のあまりを求めた後，数 B の値を数 A にいれ，あまりを数 B に入れる。
③あまりが 0 より大きい間，②を繰り返す。
④あまりが 0 になったとき，数 A にある値が最大公約数。

🖳 流れ図であらわす

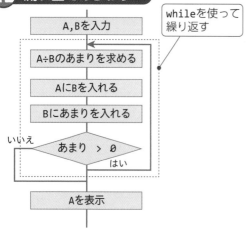

whileを使って繰り返す

- A,Bを入力
- A÷Bのあまりを求める
- AにBを入れる
- Bにあまりを入れる
- あまり ＞ 0　いいえ／はい
- Aを表示

📋 やりたいこと

①A ÷ B のあまりを求める。
②あまりが 0 でないなら，B の値を A に入れ，あまりを B に入れる。
③あまりが 0 になったら，数 A の値を結果として表示する。

💡 プログラムのポイント

①処理のあとで繰り返しの条件を設定する

ここでは，1 回は割り算をし，その結果を利用して繰り返すかどうかを決める後判定をおこなう。

	数A	数B
最大公約数	7	7
7 ÷ 7 = 1 あまり 0	7	0

後判定になっており，かならず 1 回は処理をするため，さいしょの値が A ≦ B でも，最大公約数を求められる。

💬 プログラムの流れを考える

```
(01) 変数の定義
(02) A = 入力する ( )
(03) B = 入力する ( )
(04) ずっと繰り返す :
(05)     amari = A % B
(06)     A = B
(07)     B = amari
(08)     amari = 0 になったら終了 :
(09) 表示する (A)
```

プログラム作成例 ─ VBA ──────────── Python ─

```
    Sub 最大公約数 ()

(01) Dim A As Integer
(01) Dim B As Integer
(01) Dim amari As Integer

(02) A = InputBox("数Aをいれてください")
(03) B = InputBox("数Bをいれてください")

(04) Do
(05)     amari = A Mod B
(06)     A = B
(07)     B = amari
(08) Loop While amari > 0

(09) MsgBox "最大公約数は:" & A

    End Sub
```

```python
(01) A:int
(01) B:int
(01) amari:int

(02) A = (int (input ("数Aをいれてください")))
(03) B = (int (input ("数Bをいれてください")))

(04) while True:
(05)     amari = A % B
(06)     A = B
(07)     B = amari

(08)     if amari == 0:
(08)         break

(09) print ("最大公約数は:", A)
```

> amari>0 のあいだは，処理を継続する。(amari=0 になったら処理を終了する。)
> →判定が処理のあと

> amari=0 になったら，処理を終了する。(amari>0 のあいだは，処理を継続する。)
> →判定が処理のあと

> 終了する条件になったとき，break で処理を終了する。

考えてみよう ▶

さいしょに入力する値が A < B の場合でも，途中で入れ替わって処理がつづくようになっている。下の空欄を埋めて，確認しよう。

数A	数B
14	21

	÷		=		あまり			
	÷		=		あまり			
	÷		=		あまり			

プログラムの実行 ▶

入力したプログラムを使って，つぎの問いに答えなさい。

1 980 と 1024 の最大公約数を書きなさい。

2 12345 と 55 の最大公約数を書きなさい。

プログラムの補足説明 ─ VBA · Python

❶回数の決まっていない繰り返し(後判定)

```
Do                    VBA
    処理
Loop While (条件)
```
> Do と Loop While の間に処理を書く。

```
While True:           Python
    処理
    IF 条件:
        break
```
> while の間におこなう処理は，インデント(⇨ p.7)をする。

プログラムで問題を解決しよう

問題解決 ① 10 進法から 2 進法への変換

問題の解説

❶**2進法** 0と1だけの数字を使って値をあらわす方法。わたしたちがふだん使っているのは，0〜9の数字を使う 10 進法である。

❷**重み** 各桁があらわす量の単位。たとえば，10 進法で右から 3 番目の桁の重みは 100，右から 2 番目の桁の重みは 10 となる。

❸**わかりました** 2 進法の値を 10 進法の値に変換するには，1 になっている桁の重みを合計すると，求められる。

❹**2進法であらわして** 10 進法の値を 2 進法にするには，値が重み以上になっているかどうかを，上位の桁から調べていく方法がある。

10 を 2 進法であらわす場合

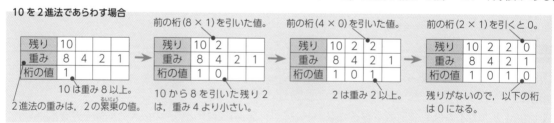

残り	10			
重み	8	4	2	1
桁の値	1			

10 は重み 8 以上。
2 進法の重みは，2 の累乗の値。

前の桁（8 × 1）を引いた値。

残り	10	2		
重み	8	4	2	1
桁の値	1	0		

10 から 8 を引いた残り 2 は，重み 4 より小さい。

前の桁（4 × 0）を引いた値。

残り	10	2	2	
重み	8	4	2	1
桁の値	1	0	1	

2 は重み 2 以上。

前の桁（2 × 1）を引くと 0。

残り	10	2	2	0
重み	8	4	2	1
桁の値	1	0	1	0

残りがないので，以下の桁は 0 になる。

やりたいこと

①このような表の形で，結果を表示する。

残り						
重み	32	16	8	4	2	1
桁の値						

2 進法で 6 桁までの値を対象にする。

変換した結果がここにはいる。

②重みを求め，表中のあるべき位置に入力する。
③残りと重みを比較して，桁の値を表示する。

プログラムのポイント

①データを 2 次元構造（表の形）で扱うために，つぎのような方法を使う。
・VBA では，Excel のシートを利用する。
・Python では，モジュール NumPy を利用する。
②重みは，2 の累乗で求める。
・VBA では，演算子 ^ を使う。
・Python では，演算子 ** を使う。

プログラムの流れを考える

(01) 変数の定義

> ここでは，2進法で6桁までの値を対象にするので，0から5までとする。

重みの準備

(02) retsu を 0 から 5 まで 1 ずつ増やしながら繰り返す：

(03) └─ Hai[1,retsu] = 2 ^ (5 - retsu)

> 求めた重みは，表の2行目に左から入れていく。

> ここでは，^ で，累乗をあらわすものとする。これは $2^{(5-retsu)}$ の意味になる。

(04) Hai[0,0] = 入力する (10進法の数)

> 2進法の各桁の値は，表の3行目に左から入れていく。

> 10進法の値は，表の1行目で扱う。

(05) retsu を 0 から 5 まで 1 ずつ増やしながら繰り返す：

(06) ┃ Hai[2,retsu] = int(Hai[0,retsu] / Hai[1,retsu])

(07) ┃ もし retsu + 1 < 6 ならば

(08) ┃ └─ Hai[0,retsu + 1] = Hai[0,retsu] - Hai[1,retsu] * Hai[2,retsu]

流れ図であらわす

- 「重み」行に値を入力
- 「残り」行の先頭の列に10進法の値を入力
- retsuを0から5まで
- 「残り」÷「重み」の整数部を「桁の値」に入力
- retsu + 1が6をこえない — いいえ →
- はい ↓
- 「残り」行のつぎの列に「残り」－「重み」×「桁の値」を入力

変数の整理

retsu	表の何列目かを指定する値。

Hai[x, y]	2次元の表の配列要素。(x は行，y は列を指定する値。)

「重みの準備」の繰り返しをしているときの変数の状態を，空欄を埋めて整理しよう。

回目	retsu	5 - retsu	Hai[1,retsu]
1	0		
2	1		
3			
4			
5			
6			

10進法の値として27を入力した後の変数の状態を，空欄を埋めて整理しよう。

回目	retsu	Hai[0,retsu]	Hai[1,retsu]	Hai[2,retsu]
1	0	27		
2	1			
3				
4				
5				
6				

Hai[2,retsu] の値は，この表のどこにはいるか，該当するセルを塗りなさい。

残り						
重み						
桁の値						

10進法の値として27を入力したら，この表にどのような値がはいるか，書きなさい。

残り						
重み						
桁の値						

 プログラム作成例 — VBA

(01) Sub 十進法から二進法へ ()

        Dim retsu As Integer ┄┄┄┄ 整数の値だけを扱うもの(整数型)であると決める。

        Range(Cells(1, 1), Cells(3, 7)).ClearContents ┄ セル A1 からセル G3 までの範囲に
                                                         入力されているデータをすべて消す。

        Cells(1, 1) = " 残り "
        Cells(2, 1) = " 重み "
        Cells(3, 1) = " 2進法 "

セルに見出しの文字を入力する。

        MsgBox (" 重みを準備します ") ┄ プログラムの実行に影響しないので，割愛してもよい。

Excel のシートを利用するので，
列番号が 2～7 (B～G)になる。

(02) For retsu = 2 To 7
(03)   Cells(2, retsu) = 2 ^ (7 - retsu)
        Next retsu

重みを計算し，セルに入力する。

(04) Cells(1, 2) = InputBox("63 以下の整数をいれてください ")

セル B1 に，変換する値を入力する。

(05) For retsu = 2 To 7
(06)   Cells(3, retsu) = Int(Cells(1, retsu) / Cells(2, retsu))
(07)   If retsu + 1 < 8 Then ┄ retsu + 1 が G 列をはみ出していない場合。
(08)   Cells(1, retsu + 1) = Cells(1, retsu) - Cells(2, retsu) * Cells(3, retsu)
        End If
        Next retsu

        End Sub

VBA と Python の特徴

　プログラミング言語にはさまざまなものがあり，いろいろな場面で使われています。
　この本で扱っている「VBA」は，事務仕事などでも広く使われている表計算ソフトウェア
(Microsoft 社の Excel)で使う言語です。表計算ソフトウェアのシート上のデータを操作すること
ができるので，表計算ソフトウェアをさらに便利に使えるようにすることができます。また，
セルを変数(配列)とみなしてデータの変化を追い，プログラムの動作を確認していくこともでき
ます。
　この本で扱っているもう 1 つの言語「Python」は，さまざまな機能がモジュールとして提供
されており，AI の開発などにも用いられている言語です。基本的な構文やアルゴリズムについて
VBA で学習したら，Python でのプログラミングも体験してみましょう。

プログラム作成例 — Python

```
import numpy as np
```
モジュール NumPy を，np という名前で使う。

```
(01) retsu:int
```
整数の値だけを扱うもの(整数型)であると決める。

```
      hai = np.zeros((3,6))
```
(　)は必ず二重にする。

3行6列の配列をつくり，要素にすべて0を入力する。
hai[0][0]

```
0   0   0   0   0   0
0   0   0   0   0   0
0   0   0   0   0   0
```
要素がすべて，0で埋められている。
hai[2][1]

```
(02) for retsu in range(6):
(03)    hai[1][retsu] = 2 ** (5 - retsu)
```
重みを計算し，配列に入力する。

```
(04) hai[0][0] = int(input("63以下の整数をいれてください : "))
```
hai[0][0] に，変換する値を入力する。

```
(05) for retsu in range(6):
(06)    hai[2][retsu] = int(hai[0][retsu] / hai[1][retsu])
(07)    if retsu + 1 < 6:
(08)       hai[0][retsu+1] = hai[0][retsu] - hai[1][retsu] * hai[2][retsu]

     print(hai)
```
retsu + 1 が6列目をはみ出していない場合。

プログラムの実行

入力したプログラムを使って，つぎの問いに答えなさい。

1 次の10進法の値を，6桁の2進法で書きなさい。

(1) 17
(2) 35
(3) 62

(1)		(2)		(3)	

2 プログラムを変更して，より大きな数を扱えるようにし，次の10進法の値を2進法で書きなさい(桁数は，自分で決めたものでよい)。

(1) 100
(2) 200
(3) 432

(1)		(2)		(3)	

問題の解説

❶**タイマー**　パーソナルコンピュータには，時計が内蔵されている。現在の日時を示すだけでなく，これを利用して，時間の経過をはかることもできる。ここでは，キッチンタイマーのように，「あと何分何秒」かがわかるようなプログラムをつくることにする。

❷**1/10秒までは必要なかった**　ここでつくるプログラムでは，1/10秒まで表示するようにしているが，コンピュータの動作が遅いと，誤差が大きくなる場合がある。それでも，カップ麺をつくるのに問題はないくらいには，調整もできる。

やりたいこと

①分，秒，1/10秒を，それぞれ表示する。
② 1/10秒ごとに表示を変える。
③指定の時間を経過したら，知らせる。

プログラムのポイント

①計測する時間を1/10秒を単位にしてあらわし，1/10秒ごとに1ずつ減らしていく。
②分，秒，1/10秒を，それぞれ別の変数で扱う。
③ 1/10秒間，値を表示し続ける。
　・VBAでは，Application.wait を使う。
　・Pythonでは，time.sleep を使う。
④分，秒をそろえて表示する。
　・VBAでは，ExcelのセルＬ書式を利用する。
　・Pythonでは，format を使う。

流れ図であらわす

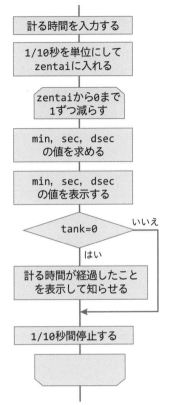

プログラムの流れを考える

(01) 変数の定義

> 計測する時間を入力する。

(02) min = 入力する (分)

(03) sec = 入力する (秒)

(04) dsec = 入力する (1/10 秒)

> 1/10 秒を単位にして時間をあらわす。

(05) zentai = min * 600 + sec * 10 + dsec

> 600 で割った商が分の値になる。

(06) tank を zentai から 0 まで 1 ずつ減らしながら繰り返す:

(07) 　　 min = int(tank / 600)

(08) 　　 sec = int(tank - min * 600) / 10

(09) 　　 dsec = tank - min * 600 - sec * 10

(10) 　　 表示する (min, sec, dsec)

> 残り時間が 0 になった瞬間に表示させるために, 繰り返しのなかにおいた。

(11) 　　 もし tank = 0 ならば:

(12) 　　　 表示する (" 指定時間が経過しました！ ")

(13) 　 1/10 秒間停止する

変数の整理

min	分の値。	zentai	1/10 秒を単位にしてあらわした, 指定した時間の値。
sec	秒の値。		
dsec	1/10 秒の値。	tank	現在の時間の値。この値が 0 になるまで繰り返す。

つぎの時間を入力したとき, それぞれの変数がどのような値をもっているか, 書きなさい。

時間	min	sec	dsec	zentai
30.0 秒	0			
1 分　2.6 秒	1			
3 分 33.3 秒				

はじめに 2 分 00.0 秒を入力した場合について, tank が下の値になって 1/10 秒間停止しているとき, それぞれの変数がどのような値をもっているか, 書きなさい。

tank	min	sec	dsec
1000			
876			
36			

```
     Sub 逆算タイマー ()

(01) Dim min As Integer
(01) Dim sec As Integer
(01) Dim dsec As Integer
(01) Dim zentai As Integer
(01) Dim tank As Integer
              (02)                  (03)                  (04)
(05) zentai = Cells(2, 1) * 600 + Cells(2, 2) * 10 + Cells(2, 3)

(06) For tank = zentai To 0 Step -1

(07)    min = Int(tank / 600)
(08)    sec = Int((tank - min * 600) / 10)
(09)    dsec = tank - min * 600 - sec * 10

(10)    Cells(2, 1) = min
(10)    Cells(2, 2) = sec
(10)    Cells(2, 3) = dsec

(11)    If tank = 0 Then
(12)       MsgBox " 指定時間が経過しました！ "
        End If

(13) Application.Wait [Now()+"00:00:00.10"]

     Next tank

     End Sub
```

整数の値だけを扱うもの (整数型) であると決める。

あらかじめ，「分」「秒」「1/10 秒」の見出しの文字を 1 行目に入力しておく。2 行目のフォントサイズは 20 ポイントくらいの大きなものにしておくとよい。

	A	B	C
1	分	秒	1/10秒
2			
3			

シートの 2 行目に，計測する時間を，分，秒，1/10 秒にわけて入力する。

	A	B	C
1	分	秒	1/10秒
2	2	30	0
3			

1 ずつ減らしながら繰り返す。(⇨p.10)

セル A1〜 A3 に，残り時間が表示される。

指定した時間が経過したことをメッセージボックスで通知する。

1/10 秒間，プログラムの動きを停止する。

プログラムの補足説明 — VBA ... Python

❶プログラムの実行を一時停止する

VBA `Application.Wait [ 時刻 ]`

指定の時刻まで，動作を停止する。
例：`Application.Wait [Now()+"00:00:00.10"]`
[現在時刻] [時間] [分] [秒]

Python `time.sleep( 時間 )`

指定した時間 (単位は秒)，動作を停止する。
(time モジュールに含まれる機能。)

プログラムの補足説明 — Python

❷表示を整える

`format （変数名 , " 桁数 "）` 変数の内容を，桁数の文字列として扱う。

プログラム作成例 — Python

```
import time as time
from IPython.display import clear_output
```

プログラムを一時停止させるためのモジュール。

表示を消去するためのモジュール。

```
(01) min:int
(01) sec:int
(01) dsec:int
(01) zentai:int
(01) tank:int
```

整数の値だけを扱うもの（整数型）であると決める。

```
(02) min = int(input(" 分を入力してください :"))
(03) sec = int(input(" 秒を入力してください :"))
(04) dsec = int(input("1/10 秒を入力してください :"))
```

キーボードから, 計測する時間を, 分, 秒, 1/10 秒にわけて入力する。

```
(05) zentai = min * 600 + sec * 10 + dsec
```

```
(06) for tank in range(zentai, -1, -1):
```

range は, うしろの引数の1つ手前までの値を渡すので, 0 までにするためにはここを -1 にする必要がある。⇨ p.10

1 ずつ減らしながら繰り返す。(⇨ p.10)

```
(07)    min = tank // 600
(08)    sec = (tank - min * 600) // 10
(09)    dsec = tank - min * 600 - sec * 10
```

a // b は, a ÷ b の値から, 小数点以下の部分を切り捨てる演算子。

```
(10)    M = format(min, "02")
(10)    S = format(sec, "02")
(10)    D = format(dsec, "01")
```

分, 秒の値を2桁, 1/10 秒の値を1桁の文字列にして, 変数に代入する。

```
(10)    clear_output(wait=True)
```

以前に表示されていたものを消す。

```
(10)    print(M, ":", S, ".", D)
```

分, 秒, 1/10 秒の値を
: や. をはさみながら表示する。

```
(11)    if tank == 0:
(12)        print(" 指定時間が経過しました！ ")
```

指定した時間が経過したことを通知する。

```
(13)    time.sleep(0.10)
```

1/10 秒間, プログラムの動きを停止する。

プログラムの実行

入力したプログラムを使って, つぎの問いに答えなさい。

1 このタイマーを動かして1分を計り, ふつうの時計とくらべてみよう。

ふつうの時計より, [　　　　　　　] 秒くらい遅れている。

2 できるだけ正確に3分を計れるように, プログラムを調整してみよう。プログラムの動きを停止する値を, どれくらいにしたか, 記録しておこう。

プログラムの動きを停止する値を [　　　　　　　] にした。

材料を無駄なく使う

1
- この1kgの砂糖,いつ買ったものかわからないよ…
- この薄力粉(はくりきこ)2kg,賞味期限がやばいね。なんとか使い切ってしまおうよ。

2
- ❶薄力粉と砂糖だけでもクッキーやういろうができるみたいね♪
- やってみよう!

みんなのつくってみた レシピサイト

3
- ❷クッキーだけなら,2000 ÷ 35 = 57.1… 最大57人分できるね。
- ういろうだけなら,1000 ÷ 25 = 40 最大40人分できるね。

クッキー(1人分)
薄力粉35g,砂糖15g

ういろう(1人分)
薄力粉20g,砂糖25g

4
- どっちも食べたい!
- だったら,何人分ずつにしたら❸材料の無駄がないかなあ。

問題の解説

❶**薄力粉と砂糖だけ** ここでの条件は,2kgの薄力粉と1kgの砂糖があり,クッキーとういろうをつくるのに必要な分量は,図中に示されたものとなる。

❷**クッキーだけ** クッキーだけ(または,ういろうだけ)をつくるとすれば,この材料で何人分ができるかは,簡単に求められる。

❸**材料の無駄がない** どちらも少なくとも1人分はつくることにした場合,薄力粉と砂糖の残りがもっとも少なくなるのは,それぞれ何人分をつくる場合か,求めてみよう。このような,1次式で表現される問題の最適な解を求める方法は,**線形計画法**とよばれる。

やりたいこと

①クッキーとういろうの数について,すべての可能な組みあわせをつくる。

②つくった組みあわせについて,残る材料の量を求める。

③残る材料がいちばん少ないときの,クッキーとういろうの数の組みあわせを記録する。

プログラムのポイント

①つくる量の組みあわせは,回数の決まった繰り返しでつくる。材料は,クッキーだけなら57人分なのでクッキーをつくる数は1〜56,ういろうだけなら40人分なのでういろうをつくる数は1〜39の範囲で繰り返す。

クッキーだけなら
57人分できるけど,
2000 ÷ 35 = 57.1…

ういろうも1人分つくるなら,
(2000-20) ÷ 35 = 56.7…
クッキーは56人分までだね。

②クッキーの数,ういろうの数,残る材料の量は,配列を利用して記録する。

③残る材料の量の最小値が,配列の何行目にはいったかを記録する。

流れ図であらわす

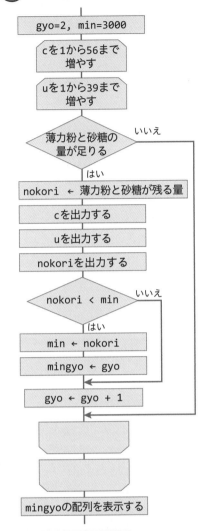

プログラムの流れを考える

(01) 変数の定義

(02) gyo = 2, min = 3000

(03) c を 1 から 56 まで増やしながら繰り返す：

(04)   u を 1 から 39 まで増やしながら繰り返す：

(05)   もし薄力粉と砂糖の量が足りるならば

(06)   nokori = 薄力粉と砂糖が残る量

(07)   c を配列 [0] に出力する

(08)   u を配列 [1] に出力する

(09)   nokori を配列 [2] に出力する

(10)   もし nokori < min ならば：

(11)   min = nokori

(12)   mingyo = gyo

(13)   gyo = gyo + 1

(14) 表示する (配列 [mingyo,1], 配列 [mingyo,2], 配列 [mingyo,3])

変数の整理

c	クッキーをつくる数。	min	nokori の最小値を記録する。
u	ういろうをつくる数。	mingyo	min がはいった配列の行を記録する。
nokori	クッキーとういろうをつくって残った 薄力粉と砂糖の量の合計。	gyo	配列の何行目かをあらわす。

変数 c, u がそれぞれの値のとき, nokori の値がどうなるか, 右の表に書きなさい。

c	u	nokori
1	1	
10	10	

変数 c, u がそれぞれの値のとき, gyo ← gyo+1 を実行した後の gyo の値について, 右の表に書きなさい。

c	u	gyo
1	1	
1	39	
2	10	

```
Sub 線形計画()
(01) Dim min As Integer
(01) Dim mingyo As Integer
(01) Dim c As Integer
(01) Dim u As Integer
(01) Dim gyo As Integer
(01) Dim nokori As Integer
```

整数の値だけを扱うもの（整数型）であると決める。

あらかじめ，「クッキー」「ういろう」「求める値」の文字を1行目に入力しておく

	A	B	C	D
1	クッキー	ういろう	求める値	
2				
3				
4				

```
(02) gyo = 2
(02) min = 3000
     Rows("2:3000").ClearContents
```

結果を書き込む先頭の行を指定する。

ここに最小値を求めるので，初期値に3000を入れておく。

結果を表示する範囲の画面を初期化する。

```
(03) For c = 1 To 56
(04)    For u = 1 To 39
(05)       If c * 35 + u * 20 <= 2000 And c * 15 + u * 25 <= 1000 Then
(06)          nokori = 2000 - (c * 35 + u * 20) + 1000 - (c * 15 + u * 25)
(07)          Cells(gyo, 1) = c
(08)          Cells(gyo, 2) = u
(09)          Cells(gyo, 3) = nokori
(10)          If nokori < min Then
(11)             min = nokori
(12)             mingyo = gyo
              End If
(13)          gyo = gyo + 1
           End If
        Next u
     Next c
```

用意した材料でできる個数の範囲で繰り返す。

使用する薄力粉の量。

使用する砂糖の量。

薄力粉の残る量と砂糖の残る量をあわせて，変数 nokori に入れる。

クッキーとういろうをつくる数を表に書き込む。

残る材料の量を表に書き込む。

nokori の最小値を変数 min に記録する。そのときの gyo の値を変数 mingyo に記録する。

変数 gyo を1つ進める。

少なくとも薄力粉または砂糖のどちらかが足りないときは，この If のなかが実行されない。

```
(14) MsgBox ("クッキー：" & Cells(mingyo, 1) & "　ういろう：" &Cells (mingyo,2) & "
     最小のあまりは：" & Cells(mingyo,3))

     End Sub
```

紙面の都合で，途中で改行しているが，実際には1行で入力する。

プログラム作成例 — Python

```
import numpy as np
```
モジュール NumPy を，np という名前で使う。

```
(01) nokori:int
(01)
(02) min:int = 3000
(01) mingyo:int
(01) c:int
(01) u:int
(01)
(02) gyo:int = 0
```
それぞれの変数が，整数の値だけを扱うもの(整数型)であると決める。
また，変数 min と変数 gyo の初期値を設定する。

```
(01) hai = []
```
結果を記録するための配列を用意する。

用意した材料でできる個数の範囲で繰り返す。
range は，うしろの引数の1つ手前までの値を渡す(⇨ p.10)ので，繰り返す回数(⇨ p.30)は1つ多くなる。

```
(03) for c in range(1,57):
(04)   for u in range(1,40):
```
使用する薄力粉の量。　使用する砂糖の量。

```
(05)    if c * 35 + u * 20 <= 2000 and c * 15 + u * 25 <= 1000:
(06)      nokori = 2000 - (c * 35 + u * 20) + 1000 - (c * 15 + u * 25)
(07)
(08)      hai.append([c,u,nokori])
(09)
```
薄力粉の残る量と砂糖の残る量をあわせて，変数 nokori に入れる。

クッキーをつくる数 c，ういろうをつくる数 u，材料の残る量 nokori を配列 hai に入力する。

少なくとも薄力粉または砂糖のどちらかが足りないときは，この If のなかが実行されない。

```
(10)      if nokori < min:
(11)        min = nokori
(12)        mingyo = gyo
```
nokori の最小値を変数 min に記録する。
そのときの gyo の値を変数 mingyo に記録する。

```
(13)      gyo = gyo + 1
```
変数 gyo を1つ進める。

```
nhai = np.array(hai)
```
配列 hai が縦に並ぶようにする。

```
print(nhai)
print()
(14) print("クッキー：" + str(nhai[mingyo][0]) +
    "ういろう：" + str(nhai[mingyo][1]) +
    "最小のあまりは：" + str(nhai[mingyo][2]))
```
残った材料がもっとも少ない行の内容を表示する。
ここでは紙面の都合で＋のうしろで改行しているが，実際には print 以降を1行でつづけて入力するとよい。

プログラムの実行

入力したプログラムを使って，つぎの問いに答えなさい。

1 材料をいちばん無駄なく使えるのは，クッキーとういろう，それぞれ何人分をつくるときか，求めなさい。

クッキー		人分	ういろう		人分

2 バザーがあるので，クッキーを20円，ういろうを30円で売ることにした。もっとも売り上げが高くなるのはそれぞれ何人分をつくるときで，そのときの売り上げはいくらになるか，このプログラムを変更して求めなさい。

クッキー		人分	ういろう		人分
売り上げ					円

p.2の「30年後の今日は，何曜日だろうか」という問題を，プログラムを作成して解決してみよう。

📝 やりたいこと

①今日の年月日を8桁の半角数字で入力する（例：2023年9月13日なら，「20230913」とする）。

②今日の曜日を漢字で入力する（例：2023年9月13日なら，「水」とする）。

③曜日を知りたい年月日を8桁の半角数字で入力する。

④今日と，曜日を知りたい日の間隔が何日あるか，求める。

⑤曜日を知りたい日の曜日を表示する。

で，30年後の今日は，何曜日になるんだっけ？

🔧 プログラム作成例 VBA

```
Function hanpa(hnen, htsuki, hnichi)

mdays = 0
For betuki = 1 To htsuki - 1 Step 1
  mdays = mdays + Cells(betuki, uru(hnen))
Next betuki

hanpa = hnichi + mdays

End Function
```

指定した「月」の前月までの日数を合計する。

さらに指定した「日」を加えて，戻り値にする。

関数 hanpa
指定した年月日が，その年の何日目なのかを求める関数。
hnen 　　引数として受け取る「年」。
htsuki 　引数として受け取る「月」。
hnichi 　引数として受け取る「日」。

あらかじめ，平年とうるう年の，各月の日数をセルに入力しておく。

	A	B	C
1	31	31	
2	28	29	
3	31	31	
4	30	30	
5	31	31	
6	30	30	
7	31	31	
8	31	31	
9	30	30	
10	31	31	
11	30	30	
12	31	31	
13	365	366	
14	平年	うるう年	
15			

```
Function uru(nen)
  If (nen Mod 4 = 0 And nen Mod 100 <> 0) Or (nen Mod 400 = 0) Then
    uru = 2
  Else
    uru = 1
  End If

End Function
```

関数 uru
平年かうるう年かを判定する関数。戻り値を列番号として使うことで，平年と判定されればA列，うるう年と判定されればB列の各月の日数を参照できる。

```
Function betwdays(hananen, saigonen)

lndays = 0

For benen = hananen To saigonen - 1 Step 1
  lndays = lndays + Cells(13, uru(benen))
Next benen

betwdays = lndays

End Function
```

現在の暦では，うるう年の入れ方の決まりはp.2のようになっていますが，ここではプログラムにしやすくなるように，つぎのように読みかえています。
・4で割り切れるが100で割り切れない年は，うるう年。
・400で割り切れる年は，うるう年。

関数 betwdays
2つの年の差が何年あるか求め，それを日数で返す関数。関数 uru で，うるう年の影響も反映させる。
hananen 　引数として受け取る，今日の「年」。
saigonen 引数として受け取る，知りたい日の「年」。

プログラムの補足説明 VBA

❶ 1行に多くの処理を書く

例
```
hajime = siritai
owari = kijyunbi
youbi = kijyunyobi
```

見やすくなるように，1行には1つの処理だけを書くことが多いが，：（コロン）で区切ると1行に2つ以上の処理を書くことができる。

```
hajime = siritai: owari = kijyunbi: youbi = kijyunyobi
```

同じ動作をする。

```
Sub 曜日を求める()

Dim kijunbi As Long: Dim kijunyobi As String: Dim shiritai As Long: Dim yobi(6) As String

yobi(0) = "日": yobi(1) = "月": yobi(2) = "火": yobi(3) = "水": yobi(4) = "木": yobi(5) = "金":
yobi(6) = "土"

kijunbi = Int(InputBox("今日の年月日を8桁で入力してください"))
kijunyobi = InputBox("今日の曜日を漢字1文字で入力してください")
shiritai = Int(InputBox("曜日を知りたい年月日を8桁で入力してください"))

knen = Int(kijunbi / 10000)
ktsuki = Int((kijunbi - knen * 10000) / 100)
knichi = ((kijunbi - knen * 10000) Mod 100)

snen = Int(shiritai / 10000)
stsuki = Int((shiritai - snen * 10000) / 100)
snichi = ((shiritai - snen * 10000) Mod 100)

knum = hanpa(knen, ktsuki, knichi)
snichime = hanpa(snen, stsuki, snichi)
skanen = betwdays(knen, snen)
snum = snichime + skanen

nnum = snum - knum
MsgBox "間隔は  " & nnum & "日"

enki = nnum Mod 7

For y = 0 To 6
  If yobi(y) = kijunyobi Then
    ban = y
  End If
Next

MsgBox snen & "年" & stsuki & "月" & snichi & "日は  " & yobi((ban + enki) Mod 7) & "曜日"

End Sub
```

変数の型，および配列を定義する。
kijunbi　今日の年月日を8桁の整数であらわす。
kijunyoubi　今日の曜日を漢字であらわす。
shiritai　曜日を知りたい年月日を8桁の整数であらわす。
yobi()　曜日をあらわす漢字を入れる配列。

入力した年月日を，年，月，日にわける。
knen　今日の「年」。　　snen　知りたい日の「年」。
ktsuki　今日の「月」。　　stsuki　知りたい日の「月」。
knichi　今日の「日」。　　snichi　知りたい日の「日」。

関数 hanpa を使い，入力した年月日が，その年の何日目であるかを求める。
knum　今日は，今年の1月1日から数えて何日目かの値。
snichime　知りたい日は，その年の1月1日から数えて何日目かの値。

関数 betwdays を使い，今日の年と，知りたい年との差が何年あるか，日数で求める（うるう年の影響を反映する）。
skanen　今日と知りたい日の，「年」の差の値（日数）。

snum　知りたい日は，今年の1月1日から数えて何日目かの値。

nnum　今日から知りたい日まで日数の値。

日数を7で割ったあまりは，曜日がいくつずれるかをあらわす。
enki　知りたい日の曜日が，今日の曜日からからずれる数。

今日の曜日が，配列 yobi() の何番目にあたるかを求める。
ban　今日の曜日は，配列 yobi() の何番目にあたるかの値。

プログラムの実行

入力したプログラムを使って，つぎの問いに答えなさい。

1 つぎの(1)～(3)の日が何曜日か，書きなさい。

(1) 1年後の今日。　　(2) 30年後の今日。　　(3) あなたの100歳の誕生日。

(1)		(2)		(3)	

2 10日前が何曜日か求められるようにするには，プログラムをどう変更すればよいか，考えてみよう。

3 100年前の今日は，何曜日か。このプログラムを変更して求めてみよう。

プログラミングの準備

VBA を使う準備

1. 開発タブの準備

VBAのプログラムを入力したり，実行したりするためには，Excelの**開発タブ**を出しておく必要がある。

①ファイルタブをクリックし，オプションをクリックする。

②オプションのウィンドウでリボンのユーザー設定を選択する。

③メインタブを選択する。　　④開発にチェックをつけて，OKをクリックする。

2. プログラムの入力画面を開く

VBAのプログラムを入力する画面を出す。

①開発タブのVisual Basicをクリックする。

②挿入タブから，標準モジュールを選択する。

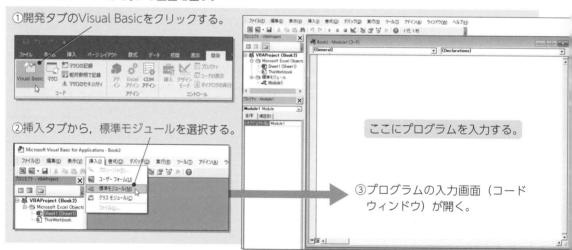

ここにプログラムを入力する。

③プログラムの入力画面（コードウィンドウ）が開く。

3. プログラムの記述

コードウィンドウにプログラムを記述する。

① Sub からはじめて，プログラム名をつけ，後ろに () をつける。

②自動的に End Sub が出てくる。

③ Sub と End Sub との間に，プログラムを記述していく。

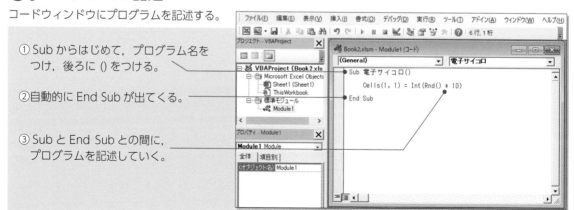

4. プログラムの修正

プログラムの記述にミスがあれば，メッセージにしたがって修正する。

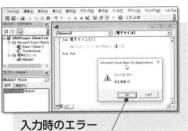
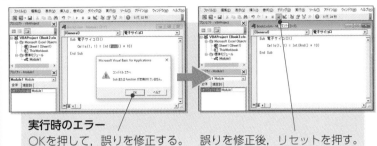

入力時のエラー
OKを押して，誤りを修正する。

実行時のエラー
OKを押して，誤りを修正する。

誤りを修正後，リセットを押す。

5. プログラムの実行

作成したプログラムを実行する。プログラムの
入力画面を閉じて，Excel の画面にもどる。

①開発タブのマクロをクリックする。

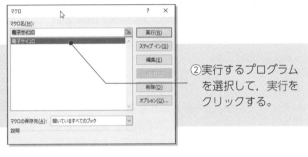

②実行するプログラム
を選択して，実行を
クリックする。

Python を使う準備

Python の開発環境にはいろいろなものがあるが，
ここでは Google Colaboratory での使い方を紹介する。

1. Google Colaboratoryの準備

①Googleのアカウントを取得する。
②Google Chromeを開き，取得したアカウントでログインする。
③Googleアプリのドライブを開く。

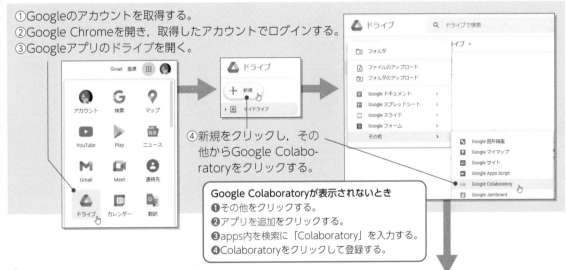

④新規をクリックし，その
他からGoogle Colabo-
ratoryをクリックする。

Google Colaboratoryが表示されないとき
❶その他をクリックする。
❷アプリを追加をクリックする。
❸apps内を検索に「Colaboratory」を入力する。
❹Colaboratoryをクリックして登録する。

2. プログラムの入力と実行

①ここにプログラムを入力する。
②ここをクリックすると，プログラム
を実行する。
③実行結果は，下に表示される。
（プログラムの記述にミスがある場合
のメッセージも，ここに表示される。）

解答例と解説

プログラミングの基本　プログラミングの考え方

p.2　考えてみよう

① 70 ÷ 7 = 10　あまり 0

解説 あまりがないので，今日と同じ曜日になる。もし，今日が木曜日なら，70 日後も木曜日。

② 100 ÷ 7 = 14　あまり 2

解説 2 あまるので，今日の 2 日後と同じ曜日になる。もし，今日が木曜日なら，100 日後は土曜日。

プログラミングの基本　プログラムをつくってみよう

ケース① じゃんけん　もし〜ならば〜をする(選択)

p.5　プログラムの実行

解説 プログラムが動作したら，自分の手を入力できるようになる。これが表示されない場合は，プログラムの入力に誤りがあると考えられる。

解説 コンピュータの手が表示されず，エラーになる場合は，自分の手の入力を誤っていないか，確認しよう(半角の数字で，0，1，2 以外のものを入力していないだろうか)。

ケース② 完全数①　〜するまで〜をする(反復①)

p.9　変数の整理

kei が 20 にならないので，10 は完全数ではない。(右図)

p.11　プログラムの実行

1　(1)完全数ではない
　　(2)完全数である
　　(3)完全数ではない

2　1〜20 の範囲では，6 だけが完全数である。

waru	あまり	kei
		0
1	0	1
2	0	3
3	1	3
4	2	3
5	0	8
6	4	8
7	3	8
8	2	8
9	1	8
10	0	18

ケース③ 完全数②　プログラムを関数にする(関数と引数)

p.13　変数の整理

tan	1	2	3
戻り値	4	8	12

p.15　プログラムの実行

1　6，28，496，8128　の 4 つがある。

2　0

解説 8128 のつぎの完全数は，33550336 になる。

ケース④ 不足数　データを並べる(配列)

p.17　プログラムの実行

1　81，82，83，85，86，87，89，91，92，93，94，95，97，98，99

2　101，103，105，106，107，109，110，111，113，115，116，117，118，119

ケース⑤ 割り算のあまり　〜するあいだ〜をする(反復②)

p.19　プログラムの実行

1　1

2　7

3　45

p.19　考えてみよう

解説 商は，割る数が割られる数にいくつ入っているかを示す。そのため，(割られる数)<(割る数)になるまで引くことができた回数を求めればよい。カウンタ(⇨ p.8)の考え方を用いて，ループした回数を求める。

2 行目の上に追加

　Dim syo As Integer

　→ syo の変数定義を追加する。

6〜8 行目

```
Do While warareru >= waru
  warareru = warareru - waru
Loop
  ↓
syo = 0
Do While warareru >= waru
  warareru = warareru - waru
  syo = syo + 1
Loop
```

　→ Do While のループに入る前に，syo を初期化する。また，ループのなかに，カウンタを追加する。

9 行目

```
MsgBox "あまりは：" & warareru
  ↓
MsgBox "あまりは：" & warareru & " 商は：" & syo
```

　→あまりにくわえて，商も表示する。

割られる数からあまりを引いて割っても，商を求められる。ただし，割られる数を，別の変数に保存しておく必要がある。

ケース ⑥ 最大公約数 〜するあいだ〜をする(反復③)

p.21 **考えてみよう**

							数A	数B
							14	21

14	÷	21	=	0	あまり	14	21	14
21	÷	14	=	1	あまり	7	14	7
14	÷	7	=	2	あまり	0	7	0

p.21 **プログラムの実行**

1 4

2 5

プログラミングの活用 プログラムで問題を解決しよう

問題解決 ① 10進法から2進法への変換

p.23 **変数の整理**

回目	retsu	5 - retsu	hai[1,retsu]
1	0	5	32
2	1	4	16
3	2	3	8
4	3	2	4
5	4	1	2
6	5	0	1

残り						
重み						
桁の値						

回目	retsu	hai[0,retsu]	hai[1,retsu]	hai[2,retsu]
1	0	27	32	0
2	1	27	16	1
3	2	11	8	1
4	3	3	4	0
5	4	3	2	1
6	5	1	1	1

残り	27	27	11	3	3	1
重み	32	16	8	4	2	1
桁の値	0	1	1	0	1	1

p.25 **プログラムの実行**

1 (1) 010001
 (2) 100011
 (3) 111110

2 (1) 0001100100
 (2) 0011001000
 (3) 0110110000

解説 VBAの場合はたとえば，つぎの箇所で下線をつけた「7」を「11」に，「8」を「12」にすると，2進法で10桁までの数値を扱えるようになる。

3行目
```
Range(Cells(1, 1), Cells(3, 7)).ClearContents
```
8〜9行目
```
For retsu = 2 To 7
  Cells(2, retsu) = 2 ^ (7 - retsu)
```

12行目
```
For retsu = 2 To 7
```
14行目
```
If retsu + 1 < 8 Then
```

解説 Pythonの場合も同じような考えで，つぎの箇所で下線をつけた「6」を「10」に，「5」を「9」にすると，2進法で10桁までの数値を扱えるようになる。

3行目
```
hai = np.zeros((3,6))
```
4〜5行目
```
for retsu in range(6):
  hai[1][retsu] = 2 ** (5 - retsu)
```
7行目
```
for retsu in range(6):
```
9行目
```
if retsu + 1 < 6:
```

問題解決 ② 逆算タイマー

p.27 **変数の整理**

時間	min	sec	dsec	zentai
30.0秒	0	30	0	300
1分2.6秒	1	2	6	626
3分33.3秒	3	33	3	2133

tank	min	sec	dsec
1000	1	40	0
876	1	27	6
36	0	3	6

p.29 **プログラムの実行**

1 【解答例】4

解説 このプログラムでは，1/10秒間ずつ停止するようにしている。そこに，分，秒，1/10秒を計算する処理などがくわわるため，実際の時計とくらべると，動作させるコンピュータの環境にもよるが，1分あたり4〜5秒くらい遅れることになる。

2 【解答例】00:00:00.091

解説 プログラム例で「1/10秒間，プログラムの動きを停止する。」の部分の数値を小さくすることで，遅れを調整できる。たとえば，VBAでは1分あたり約4秒遅れていた環境では，
```
Application.Wait [Now()+"00:00:00.091"]
```
にすることで，遅れをかなり小さくできた。また，Google ColaboratoryのPythonでは1分あたり約4秒遅れていた環境では，
```
time.sleep(0.095)
```
にすることで，遅れをかなり小さくできた。

p.31 ▎変数の整理 ▶

c	u	nokori
1	1	2905
10	10	2050

c	u	gyo
1	1	3
1	39	41
2	10	51

p.33 ▎プログラムの実行 ▶

1 クッキー　53人分
　　ういろう　7人分

解説 VBA を使う場合は, Excel のシートを見てデータを確認できる。あとで簡単に並べ替えができるように, シートの1行目を選択して「フィルター」をクリックしておく。

プログラムを実行した後, C列のフィルターで「昇順」に並べ替えると, 最適な解が表示されている行が, いちばん上にくる。

2 クッキー　50人分
　　ういろう　10人分

解説 このときの売り上げは, 1300 円となる。
VBA のプログラムの変更は, たとえばつぎのようになる。
2～3行目
```
Dim min As Integer
Dim mingyo As Integer
      ↓
Dim max As Integer
Dim maxgyo As Integer
```
9行目
```
min = 3000
      ↓
max = 0
```

→売り上げの最大値を求めたいので, 変数名を max に変え, 初期値を0にする。

14, 17行目
```
nokori = 2000 - (c * 35 + u * 20) +
1000 - (c * 15 + u * 25)
Cells(gyo, 3) = nokori
      ↓
uriage = c * 20 + u * 30
Cells(gyo, 3) = uriage
```
→材料の残りの合計を求めるかわりに, 売り上げの合計を求めるようにする。

18～20行目
```
If nokori < min Then
  min = nokori
  mingyo = gyo
      ↓
If uriage > max Then
  max = uriage
  maxgyo = gyo
```
→材料の残りの合計の最小値を記録するかわりに, 売り上げの合計の最大値を記録するようにする。

プログラムを実行後, フィルターで「降順」に並べ替えると, 求める最大値がいちばん上にくる。

解説 Python のプログラムの変更は, たとえばつぎのようになる。
3～4行目
```
max:int = 0
maxgyo:int
```
12～13行目
```
uriage = c * 20 + u * 30
hai.append([c,u,uriage])
```
14～16行目
```
if uriage > max:
  max = uriage
  maxgyo = gyo
```
21～23行目
```
print("クッキー: " + str(nhai[maxgyo][0]) +
"ういろう: " + str(nhai[maxgyo][1]) +
"売り上げは:" + str(nhai[maxgyo][2]))
```